INTEGRATION

Saloua Koubaa

INTEGRATION

Är vägen till lycka
Kärlek & hälsa
Låt oss vara tydliga

FSC
www.fsc.org
MIX
Papper från ansvarsfulla källor
Paper from responsible sources
FSC® C105338

Förlag: BoD – Books on Demand, Stockholm, Sverige
Tryck: BoD – Books on Demand, Norderstedt, Tyskland
ISBN: 978-91-8080-279-6

Hur blir man lycklig? Det finns nog lika många svar som människor.

Kan man känna lycka varje dag, börja gilla sig själv och gilla läget som det är?.

Redan på de gamla grekernas tid med Aristoteles i spetsen, menade man att lycka är njutning kopplad till livskvalitet och mening.

(Aristoteles, född 384 f.Kr. var en grekisk filosof och astronom).

Människan har förväntningar som kan vara svåra att hantera. Man vill ha ett adekvat liv som motsvarar sina förväntningar.

Men forskare har nu tagit fram en matematisk formel för att besvara frågan.

Lösningen: Hantera dina förväntningar. Forskare har under många år försökt definiera vad som är lycka, hur folk och de som inte redan är lyckliga kan bli mer lyckliga.

Historik om mänskligheten och lycka!

Människan är av naturen trevlig. En verklighetens version av boken som jag läste: »Flugornas herre« som handlar om ett gäng 15- 17- åringar från Tonga som rymde på 1960-talet från sin internatskola. De stal en liten båt och blev isolerade på en öde ö. De blev kvar i över ett år. De är försvunna och måste klara sig i ett år, innan de blir räddade. Detta är väl dokumenterat av historiker Rutger Bregman. Pojkar, säger han och gör citattecken med händerna. De är ju i sjuttioårsåldern nu.

I boken startar de en eld efter tre månader och håller den vid liv i ett år i sträck. När pojkarna räddas är alla vid liv. Alla är friska. De har tagit hand om varandra, längtar hem och visst har det varit jobbigt, men de är goda vänner. Deras vänskap har blivit starkare. Detta är bara en händelse.

Enligt Rutger Bregman, är människan i grunden självisk i den västerländska civilisationen. Det finns hos de gamla grekerna till exempel. Det ligger i kapitalismens hjärta och i de styrandes intresse. Människor måste lita på varandra och förutsatte att alla vill väl. Så ska vi se framtiden. Men ju mer han funderade och ju mer han läste om mänskligt beteende, desto mindre trodde han på den grymma människan. Mycket av vetenskapen rör sig mot en mer optimistisk syn. I själva verket, säger han i sin nya bok »I grunden god: en optimistisk historia om människans natur«, är anledningen till att mänskligheten blivit så framgångsrik att vi är sociala, vänliga och empatiska varelser som tar hand om våra svaga och hjälper varandra. Det är en överlägsen strategi om man vill bli planetens härskare.

Historik om integration
Europeisk integration (2010)

Den europeiska integrationen får alltså flera betydelser. Den anger processen för **politisk anslutning** av nya medlemsstater till den befintliga unionen, men också stärkandet av **flöden** och **nätverk** inom unionen. Den består alltså av olika former av integration: geografisk (nätverk av territorier), ekonomisk (**konvergens** av ekonomier enligt Maastrichtkriterierna), juridisk (införlivande av europeiska lagar i lagstiftningen), social (fri rörlighet för människor inom Maastrichtkriterierna) och så vidare. Den europeiska integrationen är således en långsam process, inte begränsad till medlemskap, som tenderar att gå utöver den europeiska mångfalden för att bygga enighet.

Vänner ger dig ett lyckligt liv.

Nu verkar brittiska forskare ha kommit en bit på vägen. Tidigare studier har redan visat att lycka är smittsam. Det vill säga vi tenderar att bli mer lyckliga om vi har lyckliga vänner i vår närhet, enligt Science Alert. Det viktigaste i ett lyckligt liv är dina vänner.

Lyckliga vänner kan vara en lugn musik för mig, husdjur kan också vara bästa terapi till exempel en hund eller en katt enligt några vänner som jag frågade.

Forskning : det viktigaste för ett lyckligt liv är dina vänner. Flera studier visar att det sociala i livet också är grunden för vårt välmående. En studie från Harvard har dessutom kommit fram till att de som är nöjda med livet och mest hälsosamma är de som har många fina relationer runt omkring sig. Vänner är för att prata med, ventilera ut sin stress efter en lång arbetsdag, prata ut om sina problem, hitta en lösning till ett pågående projekt och presentera en positiv upplevelse för att skratta och njuta av livet tillsammans. Om man inte har möjligheten att prata ut med någon om sina problem riskerar istället stresshormonernas nivåer att bli höga och det kan leda till inflammationer i kroppen.Vill man ha ett hälsosamt och glatt liv ska man ha vänner och bra relationer.

Robert Waldinger, forskningsledare på Harvard Study of Adult Development har gjort en studie om relationer som är mätbar:

»Relationer är superviktiga, det kan mäta sig med att inte röka, äta bra och inte använda droger«. Nu finns forskning som visar att det är bra relationer som är nyckeln till ett lyckligt och hälsosamt liv.

Vi människor känner oss nöjda med livet när vi har en jämn balans mellan träning, bra kost och sömn men att ha vänner att umgås med ge oss välbefinnande och glädje.

Vi mår allra bäst och är lyckligast om vi tar hand om våra vänner och vår familj.

Men i vuxen ålder när man har arbetat , skaffat barn, tagit hand om familj och hemmet då fanns inte tid att träffa vänner. Plöstligt är man ensam och har slutat arbeta. Hur ska man skaffa vänner i vuxen ålder? Bra fråga.

Att ha några vänner är bra för hälsan och välbefinnandet men glöm inte att vänskap finns i många former. Det är viktigt att vara nyfiken – vare sig du är ensam eller vill få kontakt med dina vänner. Ensamhet kan skada vår hälsa och kan ge såväl psykiska som fysiska symptom.

Bengt Brûlde vid Humanistiska fakulteten, Göteborgs universitet har studerat hur olika former av ensamhet påverkar vårt välbefinnande och vår lycka.

Det är svårt att erkänna att man är ensam när man vet att det finns många som är ensamma. Man vill helst tror att man är deprimerad i första hand. Därför att ensamhet och depression kan gå hand i hand.

Ensamhet är kvarstående länge om man inte göra nånting åt den. Ensamhet kan vara skrämmande, väcka känslor, leda till otrygghet och nedstämdhet.

Bengt Brûlde menar att ensamhet föder lidande som i värsta fall kan bli kroniskt och som i sin tur kan bli kronisk ångest. Det skapar stress och är nedbrytande för hela människan.

Enligt Peter Strang, professor vid institutionen för onkologi-patologi vid Karolinska Institutet, förvärras kroppslig smärta av ensamhet medan gemenskap kan lindra smärtan. Med sällskap och hudkontakt, kan en sjuk patient bli av med smärtan och behöver inga mediciner. Det låter enkelt och underbart.

Men, hur ska vi definierar ensamheten?:

- Existentiell, den finns men vi vill inte dela våra tankar och känslor med andra eller att de vi möter inte vill lyssna och förstå.
- Social, vänner vi känner saknar samhörighet och förtroende.
- Emotionell, man saknar en kärlekspartner man kan tala öppen-hjärtligt med.

Det är människan som väljer att vara ensam, känner ensamhet även i andras sällskap. Den kan vara oengagerad eller personlig men det sociala stödet är viktigt. Det har mycket med stress att göra. Därför är sällskapet samt det lyssnande stödet viktigt.

Ensamhet är vägen till hjärt-kärlsjukdomar, stroke och demens.

En ensam människa kan misstolka andra människors signaler, upplever dem som hotfulla och otrevliga. Tilliten minskar och personen kan få en negativ bild av sig själv.

Hur ska man bryta ensamheten?

Den amerikanska socialpsykologen John T. Cacioppo har tagit fram en handlingsplan för hur en människa kan göra för att bryta sin ensamhet, EASE:

E: Extend yourself. Ta första steget till kontakt genom att hälsa, småprata och ha ögonkontakt med andra människor.

A: Action plan. Fundera ut sammanhang där du kan träffa likatänkande.

S: Selection. Välj vilka du vill bli vän med och satsa på det.

E: Expect the best. Utgå från att människor omkring dig vill dig väl.

Professionell hjälp behövs ibland

Professionellt stöd behövs för att bryta ensamheten. Att förstå vad det är som får igång de negativa känslorna, hur man kan hantera dem och få en förändring i sitt liv kan vara svårt att göra själv, helt ensam. Därför ska man söka hjälp tidigt innan ensamheten kopplas till depression. Det är viktigt att lära sig tycka om sig själv, vara positiv och inte missförstå sociala signaler.

Enligt flera studier, är ensamheten mer spridd hos låginkomsttagare och arbetslösa. Äldre människor känner sig mindra ensamma än yngre trots att de umgås ganska lite med sina vänner.

Män är mer ensamma enligt Bengt Brûlde. Det visar sig inte minst vid skilsmässa där mannen i allmänhet mår sämst och blir mer ensam än kvinnan.

En sällskaplig och glad person som är stabil klarar av ensamheten bäst.

Svenskarna känner sig inte ensamma

Enligt European Social Survey, tycks svenskarna snarare känna sig mindre ensamma än människor i de flesta andra europeiska länder. Det finns goda möjligheter att leva det liv man själv vill och också välja sina vänner.

Enligt Annika Lund, Karolinska Institutet, Ensamhet – ett hot mot vår hälsa.

Ensamhet kan ge både psykiska och fysiska symptom. Bengt Brülde vid Humanistiska fakulteten, har med sin forskarkollega Filip Fors, studerat hur olika former av ensamhet påverkar vårt välbefinnande och vår lycka.

Det kan vara svårt att erkänna att man är ensam eller deprimerad. Ensamhet kan vara skrämmande och väcka känslor av otrygghet och nedstämdhet.

Bengt Brülde menar att ensamheten föder lidande som i värsta fall kan bli kroniskt och som i sin tur skapar en kronisk ångest. Han tror att den här stressen är nedbrytande för hela människan.

Enligt mina egna erfarenheter, lindras smärtan i samband med nära kontakt och kärlek. Min son spelade football med ett AIK-fotbollslag. Han skadades i fotleden när han var ca 13 år. Han låg på sjukhuset. De ville ha honom kvar under natten. Han var ensam i ett rum. Jag ringde till honom, svaret var att han hade ont hela tiden och kunde inte sova. Jag var på APT (arbetsplatsträff) på en konferensanläggning i norra Stockholm och skulle sova över. Men, jag bestämde mig för att åka hem till min son. Han var trygg och glad när han såg mig. Jag hade handen på fotleden och masserade försiktigt. Han somnade direkt. Det var så härligt och jag fick en positiv känsla.

Jag lärde mig att en ensam sjuk patient som får sällskap och gärna hudkontakt mår bättre psykiskt och smärtan kan i princip upphöra även utan medicinering.

Men ensamhet kan vara frivillig eller ofrivillig. Ibland behöver man vara ensam även om man har vänner och sociala kontakter, det är vanligt och positivt.

Ofrivillig ensamhet är det som kan vara farligt. Att sakna vänner och familj är värre för välbefinnande och hälsa. Man kan utveckla hjärt-kärlsjukdomar, stroke och demens. Det finns även risk för psykiska problem.

Man kan också behöva hjälp och gå i terapi om man känner sig ensam och mår dåligt. Sök hjälp!

Kan pengar och makt ge människan ett lyckligt liv?

Forskare har också funnit att pengar över en viss nivå inte gör oss mer lyckliga samt att vi blir lyckligare av att använda pengar för att åstadkomma något. Det vill säga en semester ger mer lycka än en runda i ett köpcentrum.

Då man bedömer lyckan i olika länder tittar man också på hur länge befolkningen lever, sociala skyddsnät, möjlighet att fatta egna beslut och hur generösa invånarna egentligen är.

Pengarochlyckagårintehandihand

Många forskare förstärker detta. Imma Puig är en psykolog och lärare som arbetade i 15 år och hjälpte spelarna i FC Barcelona. (FC= Fotboll Club).

Enligt Imma, som under sin tid har träffat spelare som Messi och Suarez som tjänade höga löner och pengar, hjälpte saldot på banken inte dem att hantera känslor.

Det händer mycket med personer i deras relation och det är viktigt att lära känna dem.

Det finns två vägar i livet: en lång men enkel och en kort men svår. Låt oss försöka förstå och gå genom några personliga relationer:

1. **Svartsjuka:** Vad innebär ordet? En känskla av oro, särskilt när

det gäller kärleksförhållanden. Psykologin hävdar att känslan också kan komma från barndomsminnen, som att man har blivit delvis övergiven till fördel för en syster eller kompis. Detta leder till dålig-självkänsla, ängslan och även panik.

- Förstör svartsjukan lyckan i ditt liv?

Det går att bota din svartsjuka även om du har levt med dessa oönskade känslor och tankar under lång tid. Det finns hjälp för dig och och din partner om du lever med en svartsjuk partner. Att vara partner till en svartsjuk person kan vara en riktig utmaning enligt psykologen!

Det är viktigt med diskussion, att prata, ta reda på vad de är rädda för och förstå orsaken till det. Att stötta en svartsjuk och visa kärlek är ett sätt att överkomma situationen och ökar deras självförtroende. Förhållandet är viktigt för er båda, förklara att du vill öka förhållandets kvalité och att du är rätt förstådd. Partner ska reagera med bra bemötande på det som sägs och känner sig tryggare. Relationen blir bättre efter ett tag. Om du inte märker det behövs hjälp av terapeuterna.

- Är svartsjuka ett problem?:

Att vara rädd för att bli övergiven, uppleva att du inte är tillräckligt bra för att få kärlek och vänner, hänger ofta ihop med självkänsla som vi alla har rätt till.

Att känna svartsjuka är ett vanligt fenomen som alla kan känna ibland med personen man är kär i eller en kompis. Det är gulligt att vara svartsjuk i vissa ansiktsdrag. Då är det inte ett problem.

Men, svartsjuka får aldrig vara en del i allvarliga problem som hot och våld i relation. Då ska man söka hjälp och detta är ett stort problem.

2. **Avund:**

Det handlar om en person som mår dåligt eller är arg för att någon annan har lyckats.

Den kan användas med positiv betydelse, att man uppskattar vad denna har åstadkommit. Theodor Kallifatides skriver i sin bok » Kärlek och främlingskap« :

»Jag fick helt enkelt bestämma mig för om jag älskar en människa för att det är en älskevärd person och om jag älskar henne under förutsättning att hon tillhör mig. Det första är långt överlägset det andra. Men jag har fått kämpa«.

Det är alltid befogat att bygga upp tryggheten, lyfta fram det positiva och något trevligt tillsammans.

Målet i livet är att förändra det du sträver efter på ett genomgripande sätt.

Det filosofiska studiet av moral, om rätt och fel heter etik. Djupare än etik är dock religion. Men religion intresserar sig inte bara för rätt och fel utan för det goda och det onda. Det krävs observation, utbildning, reflektion och kommunikation med andra för att skapa övertygelse.

3. **Ilska**:

Det är en känsla av att man har blivit sårad, kränkt eller förnekad. Men, att vara arg är en mycket viktig känsla som signalerar till andra att vi behöver mobilisera krafter, skapa förändring och ställa något till rätta. Då verkar ilskan som en problemlösning och ger oss motivation och styrka.

Ilskan kan vara både nödvändig och ett problem.

- Förstör ilskan lyckan i ditt liv?

Om ilskan är ett problem som exempelvis märks i relationer kan man tappa kontrollen och blir stressad. Det finns hjälp för att minska stress och ilska via avslappningsterapier, meditation , yoga etcetera... Man ska inte oroa sig utan söka hjälp.

Du kan inte förändra en annan persons beteende men du kan hjälpa personen på vägen. Gå inte i fällan och börja försvara dig, var istället konstruktiv. Vi är olika som personer och har olika tolkning.

Vi pratar väldigt sällan om hur saker och ting är och istället om hur de borde vara.

Känslor handlar delvis om kroppsliga uttryck och kan förstärkas (eller dämpas) med de uttrycken.

4. **Sorg:**

Det är ett känslomässigt tillstånd som utlöses av negativa och övermäktiga händelser: till exempel: bortgång av en nära anhörig, separation, skilsmässa, depression och utbrändhet.

- Förstör sorg lyckan i ditt liv?

Sorg aktiverar stressen i kroppen både mentalt och fysiskt. Sorg är en stark stressor enligt undersökningen. Man känner sig trött, orkeslös och behöver tid, förståelse och hjälp för återhämtning.

- Är sorg ett problem?

Sorg är alla de känslor, tankar, reaktioner som man kan få vid en förlust. Det kan kännas smärtsamt, jobbigt och tröttande med sorg. Sorgen kan avta så småningom. För det mesta kan man få den hjälp man behöver från vården. Men, ibland behöver du söka hjälp som finns för att kunna hitta tillbaka till lyckan i ditt liv som ger dig kärlek och god hälsa. Det finns beprövade metoder för sorgbearbetning. Tveka inte att söka hjälp och fortsätt ett glatt liv.

Mycket av vetenskapen rör sig mot en mer optimisisk syn på människor, att människor är sociala, vänliga och empatiska. Vi tar hand om våra svaga och hjälper varandra. Vänskapen är stark.

Makt korrumperar, det är en farlig drog, säger historikern Rutger Bregman. Han tycker att vi har haft fel hela tiden. Människan är av naturen trevlig.

Makt uppmuntrars fiendskap och självviskhet i stället för vänskap.

Vi människor måste förändra det vi sträver efter på ett mer genomgripande sätt.

Det handlar mycket om ovisshet som kan stjälpa allt.

Känslan är våra kroppsliga uttryck och kan förstärkas eller dämpas med de uttrycken.

Vi ska sluta hänga med huvudet och gå med hängande axlar. Vi behöver våga säga vad vi tycker, fram med våra önskemål som vi tycker att vi har rätt till.

Resultatet gör att serotoninet (signalsubstans som påverkar vårt humör och vårt välbefinnande, förmedlar meddelanden mellan olika celler i nervsystemet. Brist på serotonin kan kopplas till en rad psykiska besvär, till exempel depression, ångest) flöder i mängden.

Kärlek & hälsa!

1 - Vad är kärlek?

Det är så stort, och svårt att definiera kärlek. Det är ett spektrum av känslor, attityder som präglas av ömhet, samhörighet och tillgivenhet till uppoffring. Kärlek kan vara till abstrakta ting som konst till konkreta som naturen eller mer specifikt konkreta objekt som personer, kärlek till husdjur, eget hem och sig själv med allt man älskar, sång, författare, film etcetera...

2 - Kärlek & hälsa:

Kärlek är stimulans för hjärtat, har inga gränser: att man älskar sina föräldrar, sina barn, partner, vänner, djur, natur gör människan glad och positiv.

Av alla mänskliga passioner är kärleken den starkaste, ty den angriper tillfälligt huvudet, hjärtat och sinnen.

Det finns många vackra kärlekscitat och kärleksdikter att inspireras av.

»De människor som fått mest ut av livet är inte de som levt ett sekel, utan de som levt varje minut«. Colette

»Den högsta lyckan i livet är förvissningen om att vara älskad för sin egen skull, eller rättare sagt: att vara älskad trots en själv«. Victor Hugo

Allt vi behöver är kärlek. Många studier har visat att det är bara hälsofördelar med att ha ett lyckligt liv. Enligt en studie vid New York Universitet, höjer ett tillfredsställande förhållande överlevnandschansen vid kranskärlskirurgi och minskar fetma och tobaksbruk.

En annan studie från University of North Carolina har visat att hjärtrytmen och blodtrycket var hälsosammare hos personer som höll sin partners hand i tio minuter och sedan njöt av en 20 sekunder lång kram.

Att ha nära kontakt och kramas kan bidra till kärlek, öka självkänslan,

minska stress och konflikt.

Jag känner ibland att generellt när jag kommunicerar med min kropp hittar jag glädje. Till exempel att le ofta som jag gör hjälper mig att vara lycklig. Jag tycker att alla människor ska göra det oavsett viken kultur de är från. Det finns tre typer av leenden:

- Lyckans leende: du använder det för att kommunicera din lycka.
- Det sociala leendet: du använder det för att visa folk du inte känner att de kan lita på dig, till exempel i affären när du inte kan stå i kö, när du ska hinna med tunnelbanan och har bråttom, eller när du behöver hjälp.
- Överlägset leende: du använder det för att förmedla arrogans när du känner dig bättre än andra runt omkring dig.

Men, om du tror på dig själv, är avslappnad, har en positiv inställning till ett lyckligt liv, ta lyckans leende, visa världen att du är glad och förmedla en känsla av säkerhet inom dig. Det är vägen till god hälsa.

Belöningar och lycka

Nu har det dock kommit nya rön från Max Planck University College London Centre for Computational Psychiatry and Ageing Research, där man har undersökt relationen mellan belöningar och lycka för att utveckla en ekvation som kan ge ett svar på hur självupplevd lycka påverkas av tidigare händelser i livet studien har skett på uppdrag av OECD (Organisationen för ekonomiskt samarbete och utveckling, på engelska: Organisation for Economic Co-operation and Development, OECD).

Ekvationen bygger på variabler som säkra val, förväntningar kopplade till mer riskfyllda alternativ och om resultatet av dessa blir bättre eller sämre än väntat.

Det vill säga enkelt förklarat så beror lycka inte på hur bra saker egentligen går, utan snarare om något går bättre eller sämre än förväntat, enligt Robb Rutledge till Science Alert.

Det här ligger i linje med tankegångarna i ett ytterst viralt inlägg från bloggen Wait.

But Why som beskriver varför 70- och 90-talister inte är lyckliga.

Forskarnas ekvation visar också att lyckan ökar så fort du planerar att träffa en vän och om ni dessutom har lyckats få till en sista-minuten-bokning vid en populär restaurang så stiger den ytterligare, enligt studien.

Om det sedan visar sig att maten är bra, men inte så bra som du hade förväntat dig, sjunker lyckonivån.

Studien konstaterar också att vi sällan känner till vad större livsbeslut ska leda till, men att förväntningarna kring sådana beslut ökar vår lyckokänsla.

Ekvationen har använts för att kunna förutsäga lyckonivån hos mer än 18 000 människor världen över som alla spelar appen Great Brain Experiment. Spelarna får frågan vad som gör en lycklig och får sedan välja mellan ett antal säkra och riskfyllda alternativ för att kunna skrapa ihop så många poäng som möjligt, enligt Science Alert.

Det är viktigt att man fokuserar på det som verkligen har betydelse i livet för det är grunden till ens lycka.

Vi människor förändras inte genom att prestera eller anstränga oss. Förändringen måste komma inifrån i syfte att komma närmre personen vi verkligen vill vara.

Vi människor är unika, vi är beroende av kärlek och vi söker varandra för att leva ett gott liv. Därför väljer människor att byta riktning i livet när det handlar om nödvändighet.

Vi människor hittar alltid ett enkelt sätt att må lite bättre. Små förändringar i livet kan göra stor skillnad. Det är aldrig för sent. Vi lever i en modern tid, tänker mycket på vad vi äter, grönsaker är basen, vardagsträning och god sömn. Vi är uppmuntrande, följer traditioner, firar födelsedagar, firar jul och uppvaktar familj och vänner, är måna om oss själva och våra vänner. Fortsätt med det.

Det krävs omsorgsfull observation, utbildning, reflektion och kommunikation med andra för att skapa övertygelser och vänskap.

Livsstilen har större effekt på lycka, kärlek och hälsa. Förändra din livsstyl om det behövs.

- Gör dig inga bekymmer för morgondagen. Den får själv bära sina bekymmer.
- Koncentrera dig på dagen- så att du kan leva i nuet och till fullo.
- Säg sanningen istället för att manipulera världen.
- Förhandla istället för att spela martyr eller tyrann.
- Du har mycket att göra själv. Bekymra dig mindre om andra människors handlingar.

Det behövs inte mycket (se nedan).

Livsstilsförändringar kan förbättra din hälsa

Alla människor vill väl ha bättre hälsa, men ett känt faktum är att tidsbrist är det största hindret i vardagen.

Allt vi väljer i vårt liv kan göra förändring. Jag minns

när jag gick på i gymnasiet och valde matematiklinjen och kände glädje och lycka. Det gjorde mina kompisar också men vad gör matematiken vacker? Framtiden var säker. Det finns arbete inom vården, finans, det gav mig en skönhetsupplevelse. Det handlade om mina känslor och mina kognitiva upplevelser som matematiken gav mig. Jag har lärt mig att det är bara musik och konst som väcker känslor. Det blev alltid en »wow-känsla« när jag fick en lösning på ett matematiskt problem. Det blev rätt bevis. Jag åkte hem mycket avslappnad med en positiv känsla, berättade för min mor som kramade mig. Jag fick en god middag och sov gott i 8 timmar. Jag undrade nästa dag vad som ligger bakom den känslan.

Idag efter 20 år som forskare för vetenskapen, ser jag att lyckan är ett belöningssystem som används för att nå våra behov. Lyckan är en känsla av välbehag. Min lyckomatematik när jag gick på gymnasiet har växt fram till lyckoforskning som undersöker vad som skapar lycka i människors liv.

Frågan är hur mycket kontroll vi har över våra känsloliv. Det visar bland annat Silvan Tomkins forskning kring känslor som kroppsliga företeelser som frigör lyckohormonerna serotonin, endorfiner och dopamin.

Mina erfarenheter när det gäller lycka idag är kopplade till vårt mål. Vi strävar efter bättre jobb, högre lön, ökad status, större boende, vackrare utseende, vältränade kroppar.

Till exempel, som barnmorska , har jag träffat många gravida par som var lyckliga att skaffa barn vid inskrivningssamtal. I mitten av graviditeten, känner jag inte igen paret, de är stressade, hinner inte komma på besök, tider passar inte. Jag blev förvånad och frågade paret: berätta för mig, hur mår ni? Svaret från båda: vi hinner inte och vi är stressade. Vi diskuterade kring orsaken, de känner mycket krav på sig, flytta från lägenheten till hus, byta en liten Ford bil till kombi- Volvo…Det ingår i tradition. Detta var mellan 1989 och 2016.

Slutsatsen är att oavsett hur mycket vi kämpar för att hålla lyckan kvar så kommer den förr eller senare att försvinna. Därför, måste vi ta upp jakten igen, och igen, och igen. Vi får inte hamna i en psykologisk fälla och fastna i den.

Det som är viktigt är att hitta lyckan inom sig själv och ge livet mening och sammanhang. Att uppleva nuet är inte bara att vara lyckliga hela tiden. Vi kommer att uppleva besvikelse, sorg, smärta, ilska. Livet har olika delar i människans liv. Vi behöver utvecklas genom att skapa engagemang, driftkraft och nya perspektiv.

Stress och lycka!

Många upplever stress idag. De har för mycket att göra och för lite tid, mest små barnsföräldrar. De ska hinna med jobb, dagis, skolan och hemmet. Men även andra människor har för höga krav och förväntningar på sig. De ska hinna jobba, träna, träffa kompisar och vara med familjen. Tiden räcker inte.

1 - Vad är stress?

Stress definieras som en mental överansträngning som påverkar kroppen negativt om vi inte göra nånting åt det. Stressen kan bli ett problem om vi inte kopplar av och förstår kroppens naturliga reaktion. Stanna av när du känner att du har för höga krav.

Stressen kan vara positiv om människor behöver göra något snabbt och är förebredda för det. Det är viktigt med vila och återhämtning. Resultatet ger lycka när man kan motverka stressen.

2 - Vad händer i kroppen när man är stressad?

Värk, domningar, spänningar och svårt att slappna av. Yrsel och spänningar i nacken kan göra att hjärnan får svårt att tolka signaler. Det är viktigt att söka hjälp.

Men ibland är lidandet helt klart ett resultat av egna fel som vi medvetet vägrar att se. Vi behöver städa upp i vårat liv, vara ödmjuka och göra sådant som gör oss starka. Vi ska leva för stunden, följa våra impulser och söka efter njutning.

3 - Oro och Ångest

Allt fler känner oro. En tidigare studie visade att den genomsnittliga gymnasieeleven är lika orolig som en genomsnittlig patient med psykiska besvär. Människor har blivit mer stressade och rädda idag. Det är viktigt att ta hand om sin mentala hälsa.

Vägen till god hälsa!

1 - Positiva illusioner

Att ha positiva illusioner är vägen till mental hälsa.

Vi människor skapar vårt inre bild och vårt inre tänkande själva. Vi samlar en uppfattning av värden vi lever i. Vi skaffar fler erfarenheter, åsikter, idéer och uppfattningar ju äldre vi blir. Våra illusioner kan aldrig vara sanna, de finns och betyder mycket för oss och vår trygghet. Saker händer i våra liv, det är viktigt att reagera inför det som händer oss. Att förändra sättet vi tänker på, acceptera förändring, gör att vi känner annorlunda för det som har hänt till exempel. Känslorna styr ofta hur vi reagerar och hur vi hanterar våra handlingar. Det kan vara att vi säger något men vi gör något annat. Våra tankar bestämmer hur vi känner och hur vi kommer att må. Genom att tänka på sådant som ge oss glädje och god hälsa kommer vi att må bra och tvärtom. Då kan man säga att vi själva kan välja att uppleva lycka och bra hälsa i våra liv.

2 - Musik och hälsa

Musiken har stort betydelse för människors upplevelse av välbefinnande och hälsa. Att lyssna på musiken väcker positiva känslor och minskar stresshormonet kortisol. Det visar en ny avhandlingen i psykologi från Göteborgs universitet. Effekten blir starkare när man själv har valt låtar. En annan del av avhandlingen visade att kortisolhalten påverkas av musiken när man lyssnar på musiken i 30 minuter efter jobbet under en vecka. Musiken hade en positiv förändring av kostisolhalten. Det handlar om att ta det lugnt. Våra känslor blir starkare och vi blir gladare. Mindre stress leder till bättre hälsa och välbefinnande. Detta innebär att lyssna på musiken regelbundet kan vara rena avstressningskuren. De som har ett stressigt arbete kan faktiskt ta en musikpaus i samband med fikapaus och lyssnar på några låtar som de tycker om. De kan använda hörlurar så att de inte stör kollegor. Musiken ger dem energi och lugn och ro så att de kan ta sig till jobbet på bästa sätt. Felet idag är att man sitter på fikapausen och pratar och pratar hela tiden om allt man har träffat på, mest tar man upp den negativa bilden och vill få hjälp. Den här bilden är farlig för hjärnan, ökar stressen, belastar hjärnan och kan skapa konflikt. Vi ska inte glömma att vi ska iväg till nästa uppdrag efter en hel dags arbete, kanske en familj, barn, handla, fixa kvällsmiddag...

Dirigenten Herbert Blomstedt, som är 93 år skriver:

En sann musiker tappar inte kärleken:

- **Musiken håller mig levande**. Om man lägger sig på latsidan, då är det kört, säger mästerdirigenten som på fredagar leder Radiosymfonikerna i Berwaldhallen.
- Efter en timmes samtal med den 93-årige Herbert Blomstedt har tiden flugit i väg och energin är på topp. Han är i hög form och intellektet klart som kristall.
- Jag blir aldrig trött, säger Herbert, kan aldrig få nog. Musiken håller mig levande.
- Mina bästa år med musiken har varit de sedan jag pensionerades och jag upprepar: om man lägger sig på latsidan då är det kört.

Musik ändrar hur vi ser saker. Anledningen till detta kallas perceptuell förväntan, att vår hjärna förväntar sig att se liknande. En studie som gjordes 2001 visade att personen som lyssnade på sorgsen musik hade svårt att identifiera glada ansikten och vice versa. Att lyssna på musiken och sjunga minskar oro och depression enligt forskning. När jag är stressad, kan jag sjunga. Även om jag är inte är någon bra sångare känner jag glädje och blir avslappnad. Vad händer när man sjunger? Då frigörs endorfiner och oxytocin, vilket tar bort stress och man blir gladare, samtidigt som kortisolnivån hålls i schack.

3 - Belastad hjärna och hälsa

Enligt forskningen, kan glömska ha relativt enkla förklaringar som stress, oro, dålig sömn eller nedstämdhet.

Dåligt minne kan vara hjärnstress. Det är viktigt att vila och återhämta sig efter en lång arbetsdag eller då man känner stress. Om man inte får tid och förståelse för det kan inte hjärnan fungera normalt och det är omöjligt att fokusera.

Vardagsliv och arbete fungerar inte längre och det kan leda till hjärnskador.

Det visar en forskning på 67 kvinnor som blivit sjukskrivna för stress och utbrändhet. Hundratusental kan vara i riskzonen. Det var vanliga kvinnor med jobb och familj som haft mycket att göra. De hade belastat hjärnan mycket. (Ingalill Rhodin Nyström, forskare vid Umeå Universitet).

Kvinnornas vardagsliv och arbete fungerar inte längre. Stressen gjorde att de fick symptom av hjärnskador. Hjärnan har tappat sin vanliga förmåga att sortera bort intryck. Stress är inte alltid farligt, men hjärnan måste få återhämta sig, precis som muskler efter ett träningspass.

4 - Prestationskrav

I Sverige idag är det många som arbetar väldigt hårt. De har inte återhämtningspauser, de har press både från arbetsgivaren och från sig själva på att prestera och vara noggranna.

Vi kan inte ta in hur mycket som helst. Vi måste släppa och varva ner annars drabbas man av minnesförlust.

Det är viktigt att sätta gränser både på jobbet och hemma. Vi behöver återhämtning, och egen tid för det till exempel träna regelbundet, träffa vänner på en fika, gå på massage: det är hälsa och välbefinnande.

5 - Fakta: Tecken på att din hjärna är överbelastad:

- Sömnsvårighet
- Virrig och disträ
- Klarar bara en sak i taget
- Tappar tråden direkt om du blir störd
- Kan inte organisera och hålla reda på familjens tider, vad du ska handla
- Vardagliga situationer blir plötsligt främmande, till exempel: du går fel
- Plöstligt är du på en plats men vet inte hur du hamnade där
- Hittar inte till jobbet trots att du kör den vägen hundratals gånger
- Vet inte hur du lägger i backen i bilen
- Lägger glödlampan i kylen
- Du kan inte lyssna på musik
- Kan inte lära nytt: du läser en text men kan inte ta in och sortera information

6 - Fakta: Så undviker du överbelastning

- Återhämtning
- Satsa på sömn
- Skapa en bra arbetsmiljö för hjärnan
- Stäng ute det som inte är relevant och låt det viktiga ta plats (till exempel: viktiga arbetsuppgifter, var ledig när du är ledigså hjärnan hinner återhämta sig)

7 - Fakta: Vad är TGA?

Det är en förkortning av Transitorisk Global Amnesi och betyder plöstlig övergående minnesstörning.

Jag har upplevte denna diagnosen för 15 år sedan. Plöstligt tappade jag minnet. Det var mitt första semester- dag, jag hade jobbat hårt innan semestern, mest sista dagarna. Jag vaknade på morgonen, skulle prata med banken angående ett lån, jag fick vänta länge innan – jag kunde prata med rätt person. Det var stressande. Jag kände ett behov av att vila mig efteråt. Samtidigt hade jag mycket annat att göra eftersom vi reser bort nästa dag.

Jag somnade en liten stund mitt på dan och när jag vaknade, var jag plöstligt förvirrad, hade ont i huvudet och mindes ingenting alls av vad som hade hänt sedan morgonen. Jag blev orolig eftersom jag aldrig har varit så här förut. Jag ringde min son och bad honom komma hem. Han kände inte igen mitt beteende. Han kom på en gång, han ställde frågor men förstod att jag var förvirrad. Han grät och ringde till pappa och sa att mamma mår dåligt , jag kör henne till sjukhuset.

På akuten gjordes en hjärnröntgen och det togs blodprover.

Efter några timmar, kom läkaren och berättade för mig och min familj att det var inte stroke eller något annat farligt. Men, jag skulle stanna kvar på sjukhuset tills nästa dag. Jag mindes ingenting alls av vad som hade hänt sedan morgonen. Jag hade en obehaglig känsla.

Nästa dag, fick jag prata med en annan läkare som förklarade för mig att jag hade fått en tillfälligt minnesförlust som heter TGA (Transitoriska Global Amnesi) och att det var ofarligt.

Jag åkte hem nästa dag, jag blev snabbt bra efter några dagar och allt blev normalt som tidigare. Men det var faktiskt skrämmande för min familj.

- TGA är en minnesförlust som är ovanligt, kommer plöstligt och håller på upp till ett dygn. Det är bara minnet som drabbas, inga andra neurologiska symptom till exempel förlamning, talsvårighet eller balansbesvär.
- TGA drabbar mest äldre personer som är över 50 år. Enligt forskningen, handlar det om ett tillfälligt rubbat blodflöde i hjärnans minnescentrum. Vi vet inte vad som är orsak till TGA. Det kan vara fysisk ansträngning, start på psykisk press eller stress…
- Om det förekommer förlamning, talsvårighet och balansbesvär med plöstligt minnesförlust kan det vara en stroke.
- De flesta som får en TGA får det bara en gång.

Den som drabbas måste så snabbt som möjligt söka till akutmottagning på närmaste sjukhus för en läkarbedömning och observation.

Glömska kan alltid ha relativt enkla förklaringar som stress,, oro, dålig sömn och nedstämdhet. Därför är det något speciellt eller en varning du behöver tänka på för att förebygga det.

8 - Skydda ditt minne och ge god hälsa

Ett sätt att skydda sitt minne är att vara intellektuellt aktiv, visar forskningen. Att läsa, lösa korsord och fylla i sudoku håller hjärnan i trim.

Sociala kontakter verkar också vara bra för minnet.

Förmåga att lära sig nya saker kvarstår även vid höga åldrar. Man får räkna med att det tar lite längre tid än i ungdomsålder.

Vägen till god hälsa och lyckan för minoritet

Låt oss vara tydliga

(Folkgrupp som i något avseende avviker från majoritet i ett land)

Jag kom till Sverige i juli 1979, sommar, Stockholm, Sveriges huvudstad.

Jag besökte Stockholms stadshus »- Nordens Venedig«.

Min uppväxt var kärleksfull med välbefinnande och hög bildning. Jag känner mycket tacksamhet. Kärleken till barndomen är obeskrivet fantastisk och full av glädje genom hela karriären. Jag försöker göra det man har sagt att man ska göra och att göra det direkt för att ha bra samvete. Jag gör en sak i taget varje dag med nöje som jag har lärt mig. Jag bryr mig inte om vad andra gör och hur andra ser ut eftersom jag kan min sak, känner min styrka och vill blicka framåt.

Jag tillhörde en minoritet som inte är expert på integrationsfrågor, kunde inte språket och började fundera på hur jag ska lyckas och förverkliga mina drömmar, svårt svårt. Jag älskade min man som bodde i Sverige och hade ett jobb, bostad och var trygg.

Jag har alltid varit självständig och hade bra självförtroende.

För mig som har hamnat i Sverige kände jag ett behov av att hitta mina egna alternativ och ta mig fram. Jag har inte tänkt på diskriminering eller fördomar eftersom jag redan var utbildad som barnmorska och har arbetat några år i Paris.

Första året var jättesvårt. Språket var svårast. Man måste få plats i samhället. Jag gick på SFI, men tyckte inte att det funkade för mig som redan var universitetsutbildad. Jag gillade Stockholm, kunde tänka mig att välja att bo i Sverige. Jag hade sociala konflikter och problem första året men jag valde att välja det jobb jag hittar, jag fick arbeta som undersköterska på central operation på Danderyds sjukhus i Stockholm, talade bara engelska. Det gick bra, första lönen var en dröm för mig, bjöd min man på middag med-mera. Jag fortsatte kämpa, skaffa vänner och älskade vad jag gjorde. Jag spenderade all lön i början, kände mig nöjd och lycklig. Jag är mycket tacksam, positiv och fortsätter lära mig nytt varje dag.

Jag hade ingen vetskap om att det finns ekonomisk hjälp. Mitt mål var att lära mig svenska språket och hitta ett arbete. Jag var på biblioteket från första dan, satt några timmar varje dag och läste tidningar på franska men skrev ner de intressanta artiklar och kunde översätta dem till svenska när jag kom hem. Jag hade aldrig tråkigt. Jag lärde mig några ord varje dag.

Efter två veckor på central operation, hade jag ett möte med chefen. Hon erbjöd mig 380 svenska timmar på ABF i Mörby med betald lön. Jag var tacksam och överraskad. Jag satsade allt på den kursen, lärde mig mycket, fortsatte gå till biblioteket, lånade barnböcker, pratade med min mamma i telefonen varje dag. Hon var fantastisk, jag fick så mycket stöd av henne. Hon betalade mina resor ett helt år och gav mig ekonomisk hjälp. Hon ställde aldrig till besvär eller bråk. Hon var väldigt sympatisk och genuin men kunde säga ifrån.

Hon lärde mig att vara uppriktig, varm och mänsklig. Hon hade en inställning till humor som jag uppskattade.

Hon var också för utveckling och visade bara positiva sidor av mitt liv i det nya landet Sverige när vi talade i telefon.

Ingen känner mig bättre än min kära mamma. Jag känner mig trygg och glad efter samtalet. Jag tog alltid en promenad eller gick på gym. Jag skaffade vänner från träningen, det var lärorikt för mig. De var snälla, uppmuntrande och gav mig styrka för att orka fortsätta med mitt projekt, kompletterar till barnmorska och fortsatte med forskning. Tiden jag hade med min mamma i telefonen och med mina vänner på träning gav en avgörande effekt på min psykiska, fysiska och känslomässiga hälsa, även i dessa svåra tider. Jag skapade långsiktiga vanor. Det är vetenskapligt bevisat att motivation kommer och går.

Man kan inte få allt i livet utan man ska ta sitt ansvar och söka den framtid man önskar sig.

Jag har stöttat, undersökt och förlöst hundratals blivande mammor genom åren. Jag brukar säga till mina mammor att **det inte är någon som knackar på din dörr. Man måste kämpa själv.**

Jag hade en hög arbetsmoral och ville alltid prestera och komma förberedd.

Det var kämpigt ibland när det inte fungerade men jag har alltid haft en fin tid med mina kollegor på arbetsplatser. Det var viktigt för mig.

Jag är ingen orolig människa. Jag sköter mig noga, vill ägna min tid åt utveckling, familj och vänner med all respekt för olikhet, ingen arrogans.

Jag har arbetat som konsultbarnmorska i ett havt år 2019 i »ett utsatt område«, i Västerort inom Stockholm. Det har rapporterats mycket att en procent av invånarna i området bedöms vara kriminella. Polisstyrkan i området har fördubblats med anledning av brottssynpunkt.

För mig, har det varit otroligt lärorikt och jag har trivts bra större delen av tiden. Jag konstaterade att detta är ett parallellsamhälle som är skapat i Sverige. Det finns många eller de flesta som jag träffade har knappt kontakt med någon som har svenska som modersmål. Vi pratar om jämlik vård men de flesta patienter är komplicerade, behöver en tolk på en halvtimme och hade många frågor som inte är relevanta för deras besök. Resultatet blir att jag har inte möjlighet att erbjuda den vården jag står för.

De förtjänar bättre kunskaper och information om den vård de söker för.

Barnen växer upp i en gängkultur som blir att den enda vägen för dem till ett bra liv är kriminalitet. Många barn kommer till Sverige från katastrofområden. Det är en tuff situation för dem. Vi behöver engagera oss mer och våga prata med barn, med föräldrar, lyssna, kommunicera och uppmärksamma barns rättighet i Sverige.

Social kompetens kan beskrivas som förmåga att fungera väl i olika sociala situationer och vara bra på att kommunicera och samarbeta med andra. Det skriver Bo Melin, professor i psykologi på Karolinska Institutet. Han har tidigare arbetat med ungdomar som haft behov av att utveckla sina sociala förmågor. Det är vanligt att unga som saknar sådana egenskaper blir aggressiva eller våldsamma. Det går att träna upp sina verbala förmågor, det handlar om färdigheter som går att öva på, säger han.

Social kompetens är inte en personlighet utan en färdighet.

En person som får andra att trivas och som är bra på att se till att en grupp tillsammans kan arbeta mot ett mål uppfattas ofta som socialt kompetent.

Det är viktigt med ögonkontakt när man tränar sin sociala förmåga, berättar Bo Melin. Utan ögonkontakt blir det sociala samspelet sämre. Att ställa öppna frågor för att få igång en dialog och få den andra att känna sig bekväm och prata är andra viktiga faktorer. Även handslaget är viktigt i många kulturer.

Jag tycker att de flesta situationer som vi behöver lösa handlar om människor. Det är viktigt att vara öppen i mötet med andra och vara förebredd på att upprätthålla ett samtal.Det kan ibland vara att se att en konflikt är på väg men försök ta det svåra samtalet innan det inträffar. Jag har lärt mig att utveckla min förmåga att lyssna på människor och försöka få dem att må bra. Människor gillar personer som är skämtsamma och har humor. Att vara tyst kan också vara bra ibland. Det handlar om empatisk förmåga och att kunna anpassa sig efter situationen och känslostämningarna. Att vara positiv och att gilla diskutera är mer värt än att ha en negativ ton.

Mellan den 30 januari- och den 5 februari 2021, skriver rektorn på Smedshagsskolan i Hässelby i Mitt i Solna lokaltidning att det bara är en tidsfråga innan de här fördomarna försvinner. Hon tycker att föräldrar som tvekar borde komma till skolan och se med egna ögon att:

- Vår personal är helt fantastisk.
- Elever som har börjat här vill nästan alltid gå kvar.
- Jag själv som rektor blev förvånad när jag kom hit förra året, att det är så lugnt och tryggt.
- Våra resultat stiger.

Men elever tycker att det är svårt att bryta uppdelningen men de håller med om att skolan är bra. Vi går inte och tänker att det är så segregerat. Kulturerna är så olika. Inför gymnasievalet, är eleverna lite rädda för att komma till en helsvensk skola. Båda sidor kommer att ha fördomar om varandra. De är rädda för att bli kallade för rasister. Och vi är rädda för att bli utsatta för rasism.

Att blanda är därför det bästa för alla. Vi måste bli mer nyfikna på varandra och öppna oss. Alla ska se till att vi får likvärdiga skolor.

Vilka är orsakerna bakom migration, och vilka är konsekvenserna? Hur kan vi skapa inkluderande samhällen? Det nationella forskningsprogrammet inom migration och integration belyser alla aspekter av migration, migranter och integration. Det är viktigt att öka kunskapen om förutsättningarna för att skapa ett inkluderande samhället och bidra till jämställdhet.

Integration och assimilering

Integration betecknar också det fenomen genom vilket en minoritet lyckas hitta sin plats i ett samhälle utan att överge sin identitet, till skillnad från **assimilering**, som syftar till att få minoriteter att förvärva majoritet eller dominerande kultur. Fenomenet integration och assimilering kan röra såväl invandrarbefolkningar som infödda befolkningar som konfronteras med en extern befolkning som har blivit majoritet eller dominerande.

Vi skapar ordet minoritet i samhället istället för att hjälpa människor som känner oro och ångest. Vi ska tro på människan eftersom vi människor besitter en inneboende godhet.

» Den som är väldigt stark måste också vara väldigt snäll«.
(Pippi Långstrump – Astrid Lindgren)

»Ju mer man tänker, ju mer inser man att det inte finns något enkelt svar.«
(Nalle Puh – A.A. Milne)

Du ska vara konsekvent , sluta hänga med huvudet, vara stolt, säga vad du tycker- Framhäv dina önskemål som om du har rätt till dem. Uppmuntra serotoninen att flöda i mängden nervbanor som leder till lugn och kopplar dina tankar mellan hjärtat och hjärnan.

Hjärtat slår 100 000 gånger per dygn. Nu har forskarna upptäckt att varje hjärtslag manipulerar hjärnan så att dina sinnen dämpas, din smärttröskel blir högre och dina känslor blir mer påtagliga.

Att våga vara farlig, att uttrycka dig själv och formulera hur ditt liv skulle vara är positivt och leder till mental hälsa.

Doktor Chatterjee arbetar ständigt för att ta fram metoder som ska hjälpa hans patienter att hålla sig friskare, istället för att ta medicin.

I den här boken har han använt sig av den senaste forskningen inom beteendevetenskap.

Boken gav mig mycket att tänka på. Det var verkligen intressant läsning.

»Förändra ditt liv 5 minuter i taget : bättre hälsa med enkla steg för varje dag «. - Inbunden, Svenska, 2020

Författare: Rangan Chatterjee

I sin nya bok vill succéläkaren Rangan Chatterjee sänka trösklarna ännu mer för oss som vill göra bra hälsoval men som inte anser oss ha tid. Genom en mängd övningar och enkla saker som du kan göra själv och som alla tar 5 minuter att genomföra – kan du påbörja resan mot ett mer hälsosamt och mindre stressfyllt liv.

Vi inbillar oss att det bara räknas tid men enkla dagliga vanor: att lägga fem minuter om dagen på sin psykiska, fysiska och känslomässiga hälsa kan ha avgörande effekt, även i dessa svåra tider. Vi måste tänka på vår hälsa.

Med den nya tekniken, krävs ibland bara ett klick för att utföra det önskade beteendet, till exempel när Amazon införde beställning med ett enda klick för 5 år sen, ökade deras vinst med 300 miljoner dollar per år.

Det är samma med vår hälsa, vi sköter den om det är lätt.

Folk arbetar och är stressade. Därför måste det vara lätt för dem. Det är vetenskapligt bevisat att motivation kommer och går.

Depression och ångest är vanligare än tidigare, särskilt bland kvinnor.

I boken finns många 5-minuters metoder som hjälper:

1 - **Att skriva ner sina tankar**, hur man känner. Det är ett enkelt

och effektivt sätt att flytta tankarna från hjärnan till pappret.

2 - **Att skriva vad man vill.** Det ska inte läsas av nån annan, bara en själv.

3 - **Svara på 5 enkla frågor varje morgon:**

- Vad är jag orolig för idag?
- Vad kan jag göra för att förbereda mig?
- Varför kommer det inte att bli så farligt som jag tror?
- Varför kommer jag att hantera det?
- Vad finns det för fördel med situationen?

Det är så enkelt och har förändrat ångest och depression nästan helt hos många patienter eftersom de sätter ord på det och drar ut den mörka sidan från huvudet och sätter den på pränt.

Träna på andning, yoga och meditera är mycket bra. Men vad vi,behöver är motivation. Att bli motiverad, förändra sitt beteende, skapa nya vanor eftersom tiden är så värdefull.

Att läsa om människovärden, och möta gravida som längtar efter att träffa sitt barn är imponerande och utvecklande. Det var min väg till lyckan och god hälsa och fortsätter att vara. Jag tillhör inte längre minoriteten som jag kände bara första året i Sverige. Jag följer normer, läser, följer vad som händer både i Sverige och i världen, forskar, lyssnar på musik, dansar, träffar mina vänner och kära: detta är min lycka.

För mig är inspiration viktig. Inspirationär mer än sinnesstämning. Inspiration kan man få från allt bara man är på det positiva humöret. Min son säger till mig ibland: mamma strider.

Vi människor har olika kulturer men alla kan mötas, hjälpa varandra och utvecklas. Vi lär oss av varandras kultur och erfarenheter.

Mänskliga rättigheter har skapats sedan 1948 för hela världen.

Förenta Nationernas generalförsamling antog och kungjorde den 10 december 1948 en allmän förklaring om de mänskliga rättigheterna. Författarna till förklaringen visade en stor insikt och beslutsamhet. De lyckades skapa ett dokument som sätter de universella mänskliga rättigheterna i ett individuellt sammanhang. Förklaringen har översatts till 360 språk och är den mest översatta texten i världen. Det är ett bevis på hur allmängiltig den är. Förklaringen har fungerat som inspiration för många nya stater då de utformat sin grundlag och den har blivit en måttstock för vad vi anser, eller borde anse, vara rätt och fel. Det är vår plikt att se till att dessa rättigheter är verklighet för alla, att alla känner till dem, förstår dem och åtnjuter dem. Det är ofta människor som behöver få sina mänskliga rättigheter bättre skyddade som behöver informeras och påminnas om dem.

Genom att skapa och utveckla våra färdigheter och förståelse kan vi stimulera ett kulturutbyte, hitta plats och komma in på arbetsmarknaden.

Vi människor vill så gärna förlänga vårat liv var vi än befinner oss.

Forskningens senaste upptäckter när det kommer till att få ett längre och hälsosammare liv är:

1. Att ta hand om kroppen, hålla sig frisk via träning och kost.
2. Att få våra hjärnor att hålla sig så friska så länge. Vi får reda på framtidens möjligheter att få gammal vävnad att agera som om den vore ny och att ensamhet är en av de viktigaste orsakerna att bekämpa.

3. Att bli socialt utfrusen eller mobbad kan vara mycket smärtsamt och har negativ effekt på vår hjärna.
4. Att bli avvisad är som ett slag i ansiktet. Hjärnan drabbas , man känner sig nere och sjuk, har värk och kan bli sjuk. Om du känner dig mentalt nere kan du också bli det fysiskt.

Jag är 60 plus nu, jag har hört att Sverige är ett åldersfixerat land. Det är bara fördomar. Möjligheter, nyfikenhet och energi finns när man är frisk enligt forskarna. Jag arbetar fortfarande som konsult och använder min forskning för att hjälpa tjejer eller par som har haft eller har pågående ätstörning.

Min PhD.Thesis handlar om: Ätstörningar; påverkan av graviditet och barnets tillväxt.

"The Role of Eating Disorders for Pregnancy, Neonatal Outcome and the Child's Early Development«

Jag har börjat skriva en självbiografi där jag redogör för mitt eget liv. Jag har inga planer på att lägga av. Att vara i pensionsålder är roligare än någonsin.

Min son beskriver mig som glad, och sprallig och en kvinna som strider.

Jag fokuserar på möjligheterna: allt från design till mat (jag gillar att laga mat, nutrition, kost, rätt mat är mitt intresse också), motion och resor.

Hälsa kommer alltid inifrån

Forskarna har upptäckt att varje hjärtslag manipulerar hjärnan så att dina sinnen dämpas, din smärttröskel blir högre och dina känslor blir mer påtagliga.

Hjärtat styr hjärnan så att hormoner och elektriska signaler från hjärtat påverkar din upplevelse av smärtan, empati och andra människors känslor. Hur går det till?

Jag vill prata om våra hormoner, våra kemiska budbärare, som styr kroppen, tillsammans med vårt nervsystem.

Hjärtat talar med hjärnan via nerver och blodkärl!

- Nerver: kallas vagusnerven är koppling mellan hjärnan och kroppensorgan.
- Blodkärl: i hjärtat och ett antal av kroppens blodkärl. I sitter blodtrycksmätare.

När hjärtat drar ihop sig, vidgas kärlen och drar nervanvändare som i sin tur sänder en signal till hjärnan.

Hjärthormoner bromsar nervceller och för varje slag insänder hjärtat hormoner som når hjärnan via blodet.

Hormoner, hormonernas uppgifter, funktioner och vad som sker vid hormonbrist!

För att kroppen ska fungera krävs ett slags kommunikationssystem mellan dess olika delar. För att kommunicera, använder sig kroppen av egenproducerade signalämnen: hormoner.

1 - Hormonerna – våra kemiska budbärare

Hormoner är våra kemiska budbärare, som styr kroppen, tillsammans med vårt nervsystem. Hormon fungerar som nycklar eller aktiverare i cellerna, som exempelvis insulin som öppnar till cellerna och släpper in glukos (socker) från blodet.

Cellerna kan påverkas av flera av våra hormoner. Ett exempel på detta är om adrenalin (vårt rädsle-hormon), eller serotonin (frisätts i tarmen), ökar och minskar, vilket kan göra att man mår bra i perioder och mindre bra i perioder.

2 - Ljuskänsliga hormoner

Flera av hormonerna är beroende av omständigheter som frisätts under sömnen, när det är mörkt och då ifrån tallkottkörteln. Andra hormoner är extra känsliga för näringsbrister eller brist på fett och kolesterol, eftersom detta är deras byggmaterial.

3 - Hormoner, fett- och näringsbrister

Särskilt östrogen och progesteron är känsliga för lite fett, men även om du har höga halter av kortisol i blodet. Kortisol hämmar nämligen östrogenet, samtidigt som det använder upp kroppens DHEA, som annars används till östrogenproduktion. Östrogenet i sin tur, har som uppgift att skydda blodkärlen samt verka för vår fertilitet och utveckling under puberteten m.m.

4 - Kvinnliga och manliga hormoner

Kvinnliga könshormoner bildas främst i äggstockarna och till viss del i binjurebarken. Till de kvinnliga könshormonerna räknas östrogen och progesteron, samt mindre mängder manliga könshormoner (testosteron) som verkar för sexlustens skull.

Manligt könshormon (till exempel testosteron) bildas i testiklarna och i binjurebarken. Det är avgörande för utvecklingen hos mannnen och för tillväxt.

5 - D-vitaminer, solens strålar och depression

Ibland binds hormonerna till transportämnen som underlättar för hormonerna att ta sig ut i blodet. Vissa hormoner tillverkas också i huden, såsom till exempel vitamin D, som egentligen borde kallas för ett hormon. I huden sitter kolesterol, som aktiveras av solens UVB-strålar, och då omvandlar kolesterolet till vitamin D. Denna process fungerar endast mellan vår- och höst, när solens strålar står tillräckligt högt, då mellan 11 och -15 på dagarna.

D-vitamin är kopplat till depression och för lite D-vitamin inverkar dessutom på både immunförsvar och benuppbyggnad (kalciumomsättningen) eftersom D-vitamin har som funktion att föra ut kalcium i kroppen. D-vitamin är ett hormon som är fettlösligt, och därmed lagras in i kroppen, men framåt vårkanten tar bufferten slut och även de som har klarat vintern känner av en lätt eller mindre lätt depression.

6 - Hormonreglering

Hormonerna reglerar sig själva i ett samspel mellan varandra, och de frisätts stötvis, vilket gör att vårat humör eller vår mensstruation, sexlust och blodsocker kan gå upp och ner hela tiden. Minskningen av hormoner sker oftast i flera steg då ett hormon ökas och därmed hämmar bildning av ett annat. Ett exempel på detta är när vårt sympatiska nervsystem är påslaget, och vi frisätter kortisol eftersom vi är igång, är stressade och behöver aktivitet. När vi sedan kommer hem och lägger oss i soffan, så ökas det parasympatiska nervsystemet och kortisolhalterna minskar varefter vi blir mindre och mindre stressade. Om vi får beröring ökar oxytocin-halterna och minskar kortisol, på samma sätt som att ordentlig sömn med melatoninproduktion också minskar kortisolfrisättningen.

Inom menstruationscykeln sker samma sak, då östrogenet och progesteronet samspelar för att först bygga upp en ägglossning, släppa ägget och sedan hålla kvar det befruktade ägget i livmodern. Med för lite progesteron fastnar inte ägget i livmodern, med för lite östrogen har vi ingen menstruation och utan testosteron, ingen sexlust. Så vid ägglossningen ökar de lite mer djuriska testosteronhalterna, medan det moderliga östrogenet minskar, för att sedan ta över igen, när det är dags att vårda sig själv och barnet.

7 - Stress och rädsla

Kortisol är det hormon som frisätts när vi stressar över tid, medan adrenalin och noradrenalin istället styr den stress som uppkommer vid till exempel rädsla. Adrenalin och noradrenalin bildas i binjuremärgen, ökar vårt blodtryck, vår puls och framförallt så gör det oss starka och aktiva med hjälp av det tillströmmande blodet, och ökat blodsocker. Vid stress aktiveras hormonerna och vårt socker ökar i blodet, eftersom vi förväntas göra av med mer energi. Detta är en överlevnadsinstinkt, som ökar vår kraft om och när vi behöver den. Vid adrenalinpåslag vidgasluftrören, och pupillerna och vi tappar delar av vår förmåga att känna ödmjukhet och att tänka till. Man kan säga att vi agerar på överlevnadsinstinkt och endast bryr oss om vår egen överlevnad. Adrenalinpåslag kan ge oss kraft att gå ur sängen även om vi är utmattade och har oerhört låga halter med kortisol.

8 - Hormonernas bildande och hormonbrister

Hormonerna bildas alltså av de ämnen som du äter, och då främst från fetter. De utsöndras sedan i blodet och förs via blodet till det ställe, där det hör hemma och verkar för att olika funktioner ska fungera. Om detta inte går som det ska, så blir vår hormonella funktion störd, och kan ge PMS (progesteron/östrogen/höga halter av kortisol), infertílitet (östrogen), humörsvängningar (östrogenbrist), immunförsvarsproblem och hudproblem (melatonin), mensstruationsproblem (östrogen/progesteron), utebliven sexlust (testosteron), sockeröverkänslighet (insulin), diabetes (insulin), hjärt, kärlsjukdomar (kortisol) och- så- vidare.

9 - Hormoner delar upp oss i fyra typer

Forskaren Helen Fisher har studerat signalämnen och hormoner som delar in oss i fyra typer:

- **Dopamin** (Äventyraren): gör dig nyfiken och energisk. Dopamin ger oss njutning när vi upplever något nytt och gör spännande saker. Dessa personer är kreativa, spontana och positiva.

- **Serotonin** (Byggaren): ökar försiktighet och ansvarskänsla.

Personer av den här typen tycker om rutineroch att arbeta metodiskt. De är sociala men har svårt att acceptera andras sätt att göra saker och ting.

- **Testosteron** (Direktören): ger en konkret, analytisk hjärna.

Dessa personer är analytiska och bra på regelbaserade system som datorer, matematik och musik. De är ärliga och självsäkra men inte alltid bra på att lyssna eller att förstå andras behov.

- **Östrogen** (Förhandlare): bidrar med omsorg och medkänsla.

Personer av denna typ är hänsynsfulla och inkännande. De har ett öppet sinne och är bra på att bygga upp goda relationer.

Misstag är en del av livet

Vi alla kan säga saker och sedan ångra oss. Men sagt är sagt och gjort är gjort. Bara att gå vidare, be om ursäkt om det behövs.

Jag avskyr när folk ältar gamla saker, släpp det.

Livet går vidare.

Man lär sig av sina misstag och blir starkare oavsett hur stort misstaget var.

Livet går vidare och man får se till att inte göra om samma misstag flera gånger bara.

Jag kan få ångest av mina misstag ibland, vilket är ett tecken på att jag känner av dem och jag lär mig att gå vidare och blir starkare.

Man får aldrig skälla på en person som gör fel, det ger bara ångest.

Alla kan inte vara perfekta, men alla kan göra något, försöka bättra sig för att göra sitt bästa.

Det är mitt mål i livet: att försöka göra det bästa, då kommer jag långt.

Alla vill ha ett bra liv!

1. Ta hand om din kropp, ät rätt. En trött och undernärd kropp är orsaken till stress.
2. Hälsosam mat håller oss friskare (till exempel fullkorn, fiber, grönsaker, baljväxter, bra fett...)
3. Sömn : sov lagom (7 timmar om dygnet är en normal sömn), inte för lite eller för mycket. Sömn är viktigt för hjärnan. Det kan vara svårt att fatta beslut och tänka klart när man är trött och inte har sovit tillräckligt. En amerikansk studie visar att människor som varit vakna i 20 timmar har lika dåliga resultat på intelligenstest och reaktionstest som testpersoner med 1 promille alkohol i blodet. Det motsvarar ungefär 4 glas vin.

Man kan känna sig trött efter att ha sovit i 10--11 timmar och vilja sova mer.

Det har visat sig att för mycket sömn är lika skadligt som att sova tillräckligt.

1. Var nyfiken, glad och positiv. Det hjälper dig att må bra.
2. Tiilåta dig att vara älskad.
3. Öka ditt självförtroende, så uppnår du dina mål. Bevisa för dig själv att du är bättre än vad andra tror att du är.

Jag har stött på i min forskning många kvinnor med ätstörningar som hade dåligt självförtroende. De behövde hjälp med att gå vidare och utvecklas.

Vi lever i en modern demokrati där människan har frihet, ansvar och rättighet att välja ett lyckligt liv med kärlek och hälsa.

Jag har ägnat mycket uppmärksamhet åt vad som gör livet värt att leva. Mitt mål är att se på positiva upplevelser men inte på mörka stunder som människor kan möta i livets gång.

Jag har träffat patienter som mår dåligt och berättar att de ibland kan ha tankar om att ta livet av sig, att de är trötta både fysiskt och psykiskt. Mitt råd är : leta efter saker som gör livet värt att leva, man måste kämpa också. Det kan vara från stora saker till små detaljer.

Det är alltid väldigt intressant att lyssna på andras tankar och idéer.

Jag vill avsluta min bok med mina tankar som gjorde att jag skriver en lista för mig själv och andra genom att skapa regler i livet för att kunna hantera och uppleva allt som är positivt genom utveckling och erfarenheter:

1. Ovisshet kan stjälpa allt (vända upp och ner).
2. Känslor handlar delvis om kroppsliga uttryck och kan förstärkas eller dämpas.
3. Sluta hänga med huvudet och gå med dragna axlar, säg vad du tycker, framhäv dina önskemål som om du hade rätt till dem; uppmuntra serotonin (signalsubstans som påverkar vårt humör och välbefinnande) att flöda i mängder genom våra nervbanor som leder till lugn
4. Behandla dig själv som en person du är ansvarig för att hjälpa.
5. Det du siktar på avgör vad du ser
6. Positiva illusioner leder till mental hälsa.
7. Var inte avundsjuk. Du måste förändra det du strävar efter på ett mer genomgripande sätt.

8. Etik: är den filosofiska studien av moral, om rätt och fel. Djupare än etiken är dock religion.
9. Religion intresserar sig inte bara för rätt utan för det goda och det onda.
10. Det krävs observation, utbildning, reflektion och kommunikation med andra för att skapa övertygelser.
11. Koncentrera dig på dagen så att du kan leva i nuet och till fullo.
12. Säg sanningen istället för att manipulera världen.
13. Förhandla istället för att spela martyr.
14. Bekymra dig mindre om andra människors handlingar eftersom du har massor att göra själv.
15. Var ödmjuk. Säg bara sådant som gör dig stark.
16. Sluta göra saker som du vet är fel. Städa upp i ditt liv.
17. Lev för stunden, följ dina impulser, sök njutning, ljug aldrig någonsin om någonting. Lögn leder raka vägen till helvetet.
18. Ägna dig åt det som är meningsfullt.
19. Vi har kommit till av en tillfällighet och vårt liv försvinner spårlöst som ett moln.

INSE ATT MISSTAG ÄR EN DEL AV LIVET

Vi alla kan säga saker och sedan ångra oss. Men sagt är sagt och gjort är gjort. Bara att gå vidare, be om ursäkt om det behövs.

Jag avskyr när folk ältar gamla saker, släpp det.

Livet går vidare.

Man lär sig av sina misstag och blir starkare oavsett hur stort misstaget var.

Livet går vidare och man får se till att inte göra om samma misstag flera gånger bara.

Jag kan få ångest av mina misstag ibland, vilket är ett tecken på att jag känner av dem och jag lär mig att gå vidare och blir starkare.

Man får aldrig skälla på en person som gör fel, det ger bara ångest.

Alla kan inte vara perfekta, men alla kan göra något, försöka bättra sig för att göra sitt bästa.

Det är mitt mål i livet: att försöka göra det bästa då kommer jag långt 😊

Jag slösar inte min tid på sånt jag inte kan påverka. Jag ser alltid framåt då ljuset ska varapå det jag kan förändra. Ditåt jag ska.

Nästa steg för mig i detta fantastiska Sverige var:

Först efter 30 års arbete inom Stockholms Läns Landsting, jag blev tackade för mångårigt och värdefullt arbete i samhällets tjänst. Det var stort för mig, en fantastisk upplevelse.

För ungefär 15 år sedan tog jag mig an uppgiften att undersöka gravida kvinnor med ätstörning jämfört med gravida utan ätstörning. Jag förväntades veta lite grann om den här specifika gruppen gravida kvinnor, så jag startade ett projekt vid vårt medicinska universitet; Karolinska Institutet. Mitt intresse var graviditetsförlopp, fosterutveckling, barnets vikt, föräldraskapet och anknytning mamma-barn. Jag disputerade på Karolinska Institutet den 20 december 2013. Mitt mål som forskare är att bedriva vetenskapliga studier, utveckling, söka nya kunskaper och öka det gemensamma vetandet. Lust att forska på det okända, lyssna, respektera och förstå andra kännande individers känslor. Men ibland är det inte självklart att känna med andra. Men min empati och att kunna känna med andra är min grundläggande mänskliga förmåga. Jag har lärt mig att lidande upphör när jag delar andras lidande! Titeln på min avhandling är: **"The role of eating disorders for pregnancy, neonatal outcome and the child's early development«.** Jag bifogar länken med sammanfattning och full text: http://publications.ki.se/xmlui/handle/10616/41828

Karolinska Institutet

har denna dag låtit promovera

Saloua Koubaa

till

Medicine Doktor

(Med dr)

Stockholm den

23 maj 2014

Promotor

KAROLINSKA INSTITUTET

Jag fick en unik känsla av glädje och tacksamhet!

Min forskning om graviditetsätstörning, empati, lyckojakten, människomöte gav en fantastisk start på min framtid. Jag började träffa patienter som behövde hjälp, gravida par, och föreläser i hela Sverige.

Jag vill vända mig till vård och omsorgspersonal, till patienter och anhöriga, till skolan och ungdomar, till föräldrar som inte längre kan ignorera symptomen på att vår moderna livsstil kostar på hälsan.

Målet är att öka kunskaper om betydelse av ätstörningar hos kvinnan i alla åldrar, betydelse av ätstörningar under graviditeten för barnets utveckling på kort och lång sikt.

Målet är att öka kunskaper inom sjukvården, skapa ett vårdprogram för att kunna identifiera dessa kvinnor och förbättra omhändertagandet i syfte att motverka negativa effekter för mor och barn.

Min ambition är att sprida mina kunskaper inom området eftersom anorexia och bulimi fortfarande är sjukdomar som är förknippade med skam. Detta bidrar till att belysa ett angeläget och outforskat område.

Boken ska innehålla många tips, råd och sanna berättelser om hur familjen ska börja leva ett lyckligt liv utan stress och skuldkänslor.

Att belysa hur många små saker kan leda till en stor konsekvens: kärlek, självmordstankar, tonårstiden ...

Det är mycket jag vill säga. Typ som att allt känns som en dröm. Det här är helt klart det roligaste jag någonsin gjort. Jag är sjukt stolt som mitt yrke som barnmorska i över 40 år, som författare. Jag älskar att skriva, planera mina dagar och läsa.

Det är många jag vill tacka, men särskilt vill jag tacka världens bästa söner & min man (som alltid finns när jag behöver).

Jag är så stolt över alla samtal och hjälp som mina patienter med ätstörningar har haft och får fortfarande.

Jag tackar också alla mina kollegor inom vården och mina vänner som jag umgås med idag, fantastiskt.

Att bo i Sverige, att vara svensk medborgare

Att kallas för invandrare eller migrant är inget negativt ord. Det innebär en förflyttning av människor från ett land till ett annat. Syftet är att bosätta sig på den nya platsen. Om man inte trivs i det landet då kan man flytta till ett annat land. Migration omfattar även frivilliga förflyttningar. Det är varje människas val att ta ett beslut och göra en bedömning.

Du ska kämpa för att nå ditt mål och integrera dig. Möjligheter finns.

Ge aldrig upp .Ge dig chansen att utvecklas.

Livet är en »kamp«. Det är lätt att påstå att inget kan betyda något om man inte vet att det kan gå förlorat. Man ser på sitt eget liv med en ny blick. Följ din blick och lär dig nytt varje dag.

Med vänliga hälsningar

Barnmorska, medicine doktor, författare.

Innehåll